# 道元『正法眼蔵』
# 現成公案　略解

早川　祥賢

東北大学出版会

A Commentary to Dōgen's Genjōkōan

Shōken HAYAKAWA

Tohoku University Press , Sendai
ISBN978-4-86163-319-5

目次

序論 …… i
本書の企図と基本方針 3
本書の提示する視点 3
「現成公案」の構成 5
註（序論） 8
本文・現代語訳・註解 …… 9
諸法の仏法なる時節 11
自己をはこびて万法を修証するを迷とす 14
身心を挙して色を見取し、身心を挙して声を聴取するに 18
仏道をならふといふは、自己をならふ也 19
人、はじめて法をもとむるとき 21
人、舟にのりてゆくに 21
たき木、はひとなる 22
人のさとりをうる、水に月のやどるがごとし 24
身心に法いまだ参飽せざるには 26
うを水をゆくに 28
しかあるを、水をきはめ、そらをきはめてのち 31

しかあるがごとく、人もし仏道を修証するに　33
麻浴山宝徹禅師、あふぎをつかふちなみに　35
奥書　38
註（本文・現代語訳・註解）　39

附論……43
附論一　自己をはこびて万法を修証す　45
附論二　万法すすみて自己を修証す　47
附論三　『正法眼蔵抄』の資料的価値について　51
註（附論）　54

解題……57
「現成公案」研究史　59
本書の位置　65
『正法眼蔵』の中の「現成公案」　69
本書は道元の意図に反しているか　70
註（解題）　72

あとがき……75

# 序論

## 本書の企図と基本方針

本書は、道元が『正法眼蔵』の「現成公案」巻全体として何を述べようとしていたかを明らかにしようと試みるものである。

既存の解釈の多くは、「「現成公案」のテクストは一種の箴言集成である」という暗黙の前提にもとづいている。すなわちこれらの解釈は「現成公案」巻の各段落をばらばらに切り離して扱っており、段落相互の連関を無視している。このため、テクストが全体として何を言おうとしているのかは、これらの研究を読んでもまったくわからない。筆者はこれに対して、「「現成公案」のテクストは全体として整合的で理解可能なメッセージを伝達しようとしている」という仮定から出発した。

## 本書の提示する視点

右の仮定は、「先行の研究者たちが気づかなかった隠されたコンテクストが存在しているのではないか」という問いを含意している。すなわち、われわれがテクストを理解できないのは、われわれが道元とコンテクストを共有していないからではないか。すると、いかにしてこの原コンテクストを再建することができるかが読解の鍵となる。

この点に関して、石井清純が「現成公案」巻の末尾にある「これは天福元年中秋のころ、かきて鎮西の俗弟子楊光秀にあたふ。」という奥書に注目したことは非常に重要である。[1] そもそも、俗弟子に与えた文章が『正法眼蔵』冒頭に置かれているのはなぜなのだろうか。ちなみに石井はこの問いに関して、「現成公案」巻は「全体的知的理解を前提としない「行」の存在と、その重要性を強調したもの」であると述べている。[2] 言いかえれば「現成公案」が冒頭にあるのは、それが入門者向けの文章だからだというのである。石井の問いは鋭いが、この答えのほうは誤りであろう。われわれはその「全体的知的理解」を欠いた入門者に与えた文章を読もうとあらゆる知識を総動員して努力を重ねてきたのだが、八百年経っても一向に理解できた気配はないのである。

道元がこの難解極まりない文章を個人的に書き与えたという事実から見て、この楊光秀という人物はただの入門者ではなく、仏教一般の教理にすでに通暁していた人物であったと考えられる。あるいは当時すでに一般に行われていた天台止観のような実践をかなりの程度まで積んでいた人物だったのかもしれない。すると、このテクストは橋渡しのための道筋を示したものであったという可能性もあるだろう。つまり道元はこの文書によって、他の何らかのシステムの上級の在家実践者であった楊光秀に対して、「どのようにしたら道元禅の実践へ移行することができるか」を説明しようとしたのではないだろうか。このように考えれば、「現成公案」巻が『正法眼蔵』の冒頭に置かれているという謎には説明がつく。当時日本達磨宗など外部から多くの人材を獲得していた道元の教団にとって、このような上級者向けのイントロダクションは『正法眼蔵』の冒頭に置くのに適切なものだったのである。

右のような仮設的視点から「現成公案」のテクストを検討したところ、次のような筋道が見えてきた。

さとりを目指して修行していくと、あるところでその極限に到達する。そしてそこが転回点となり、さとりを目指さない実践（修行とさとりの区別のない実践）に入っていく。

今までばらばらに扱われてきた「現成公案」各段落は、すべてこの図式の上に位置づけることができる。以下にこの全体的な構成を示す。

## 「現成公案」の構成

「現成公案」の本文（岩波文庫版にもとづく）は、麻浴山宝徹の話を一段落と数えた場合には十七の段落からなる。ここでは第一段落から第九段落を前半とし、「たき木、はひとなる」で始まる第十段落以降を後半とする。

前半の構成は、最初の三つの段落のテーマの反復を基礎としている。ここで第一段落のテーマを「さとりをめざす修行」、第二段落のテーマを「身心脱落」としよう。「さとりをめざす修行」のテーマは、修行者がさとりを得ようとして修行に邁進するようすを表現している。これに対して「身心脱落」のテーマは、修行とさとりの区別がすでになくなった状態を表現している。すなわち後者では、修行者は修行を続けているがさとりは目指していない。このふたつのテーマはほぼ交互に現れている。

## さとりをめざす修行

諸法の仏法なる時節（一）
自己をはこびて万法を修証するを（五）
身心を挙して色を見取し（六）
人、はじめて法をもとむるとき（八）
人、舟にのりてゆくに（九）
身心を乱想して万法を辨肯するには（九）

## 身心脱落

万法ともにわれにあらざる時節（二）
万法すすみて自己を修証するは（五）
かがみに影をやどすがごとく（にあらず）（六）
法すでにおのれに正伝するとき（八）
目をしたしく舟につくれば（九）
もし行李をしたしくして（九）

第三段落のテーマを「移行」と呼ぶことにしよう。これは「さとりをめざす修行」のはじめから「身心脱落」に至る過程である。「移行」のテーマは、前半では次の箇所に現れている。

## 移行

仏道もとより豊倹より跳出せるゆゑに（三）
花は愛惜にちり、草は棄嫌におふるのみなり（四）
仏道をならふといふは、自己をならふ也（七）

つまり、前半では「さとりをめざす修行」とさとりをめざすことをやめた「身心脱落」とが対比的に描かれているのであるが、その間、第三段落では「さとりをめざす修行」から「身心脱落」への転換が可能であるということが示唆される。第四段落ではその道が逆説的なものを含んでいるということが示され、第七段落では転換が実際にどのように行われるかが述べられている。

後半は基本的に全体が「移行」のテーマに沿った記述となっている。後半の構成は前半に比べて直線的である。結びとなっている麻浴山宝徹の話の前までの部分について段落ごとに順に要旨を示すと次のようになる。

- 「さとりをめざす修行」から「身心脱落」への移行を「人が仏に変身する」こととして捉えるのは誤りである。(十)
- ではどのように移行するかというと、全天が一滴の水にやどるように、「自己」が消しさられたあとの空白にあらゆる物事が映し出されるのである。(十一)
- 移行過程を全体として捉えると、次のようになる。人は誰でも、自分に見える範囲で「世界とはこういうものだ」と理解し、そうした理解の範囲を広げながら(十二)、その中でさとりをめざした努力を行っている(十三)。しかしその探求が世界全体に及んで飽和状態になった時、視線を反転させて自己という最後に残った執着の対象を消し去ることができれば、自分自身の日常的なありかたそのものが、さとりの道を示すものとして眼の前に現れてくる。(十四)
- このように、「さとりをめざす修行」の段階においては物事のひとつひとつに対して執着を断つための努力を行っているのであるが、「身心脱落」への移行の後で知られる境地がその段階ではまだ明らかに知られないのは、「さとりをめざす修行」が究極まで進んだ時にはじめてこの移行が発生するからである。（十五）

この後で麻浴山宝徹の話（十六）および結びのコメント（十七）となるが、本文への註釈で述べるとおり、道元はこの話を哲学的思弁ではなく、「さとりをめざす修行」から「身心脱落」への転換に関する話として提示している。

## 註（序論）

（1）石井清純「『正法眼蔵』「現成公案」の巻の主題について」『駒沢大学仏教学部論集』二八、平成九年

（2）石井二三一頁。

# 本文・現代語訳・註解

凡例

本文は二段組とし、上段に原文、下段に現代語訳を載せた。

原文は水野弥穂子校注の岩波文庫版『正法眼蔵』(平成二—五年)によっている。ただしふりがなは省略した。これは研究者の立場によって異なった読み方があるためである。

段落番号は岩波文庫版にはない。

『全集』とあるのは『原文対照現代語訳　道元禅師全集』（春秋社　平成十一—二五年）である。

古註類の引用は『正法眼蔵註解全書』によっている。

## 諸法の仏法なる時節

諸法の仏法なる時節、すなはち迷悟あり、修行あり、生あり、死あり、諸仏あり、衆生あり。(一)

万法ともにわれにあらざる時節、まどひなくさとりなく、諸仏なく衆生なく、生なく滅なし。(二)

仏道もとより豊倹より跳出せるゆゑに、生滅あり、迷悟あり、生仏あり。(三)

しかもかくのごとくなりといへども、花は愛惜にちり、草は棄嫌におふるのみなり。(四)

「あらゆる物事はみな仏の教えである」［という考え方にしたがって修行に邁進している］時には、迷いとさとり［という区別］があり、［さとりを得るための］修行があり、生があり、死があり、仏たちと衆生［という区別］がある。

［これに対して、］あらゆる物事がすべて［修行者の］「われ」から離れた時には、迷いとさとり［という区別］はなく、仏たちと衆生［という区別］もなく、生死もない。

仏への道というものは本来多い少ない［といった相対的な区別の世界］から跳び出してゆくものなのであるから、生も死もあり、迷いも悟りもあり、衆生も仏もある。

このように［移行の道があると］言うのであるが、そうではありながらも、花は惜しまれつつ［そして惜しまれるからからこそ］散りゆき、草は嫌われつつ［そして嫌われるからこそまた］生えてくる。［つまり、さとりを求めて努力を重ねればさとりに到達できるというわけではないのである。］

［註解］

序論の「「現成公案」の全体的構成」の節で述べた通り、道元はここで提示された三つの視点を対照させながら語りを進行させている。本書では便宜的にこれらをそれぞれ「さとりをめざす修行」、「身心脱落」、「移行」と呼ぶ。

第一段落で述べられているのは、さとりを目指して努力している修行者の視点から見た世界である。この段階にある修行者はまず、「迷い」と「さとり」という大きな区分があることを認識する。ここでこの人物は「さとり」というものをいわば実体化し、それを目指して邁進する。これが「さとりをめざす修行」のテーマである。

松本史朗が指摘しているように、「諸法の仏法なる時節」という句は『摩訶止観』の「知一切法皆是仏法」「信一切法皆是仏法」という表現を下敷きにしたものである。[1] 類似の句は平安・鎌倉期の天台系文献に散見されるので、[2] 当時の修行者たちに天台止観の実践を連想させるにはおそらくこの表現で十分だったであろう。つまり道元は「現成公案」の読者として天台止観系のバックグラウンドをもった人物を想定しており、この人物に対して「あなたのよく知っている天台止観の場合にはこうだよね」と語りかけているのである。[3]

第二段落では、「身心脱落」のテーマが提示されている。これは、いわば仏の視点に立って見た世界である。そこには迷いはなく、さとりすらもすでに存在していない。第五段落および第七段落と比較すると、この「万法ともにわれにあらざる時節」とは、坐禅の実践の中で修行者の「自己」というものが消去された状態を指していると考えられる。これは「さとりをめざす修行」とは対照的な、さとりを目指さない境地である。つまり道元の言いたいのは、「われわれのやり方は今まであなたがやってきたのとは逆なんだ」ということである。

第三段落では、「さとりをめざす修行」から「身心脱落」にいたるひとつの道が提示される。これが「移行」のテーマである。言いかえれば、「それでは、われわれのやり方のほうへどうやって移行したらよいか、さとりをめざすことなく迷いからさとりへと移行するにはどのようにしたらよいか、今から教えてあげよう」ということになる。この道は仏道と呼ばれるものである。迷いもさとりもこの道の上に位置づけられ、それぞれこの中で意味をもつ。

第四段落で示唆されているのは、第三段落で示された「仏道」が実は逆説的な性格をもつということである。「花は愛惜にちり、草は棄嫌におふるのみなり」という文句については、『広燈録』二五（岩波文庫版脚注に引用されている）に

問、如何是和尚家風。師云、華従愛惜落、草逐棄嫌生

という問答があり、また『永平広録』五一にも類似の問答がある。

上堂。云く。人人具足、箇箇円成《えんじょう》なり。甚麼《なん》としてか、法堂上草深きこと一丈なる。這箇《こ》の消息を会

せんと要すや。良久して云く、華は愛惜に依りて落《ち》り、草は棄嫌を逐うて生ず。[4]

この「華は愛惜に依りて落り、草は棄嫌を逐うて生ず」という句によって「現成公案」の該当箇所を解釈すると、該当の文の背後には「花は惜しまれるからこそ散り、草は嫌われるからこそ生い茂る」、すなわち「さとりを求めれば求めるほどそれがさとりの妨げになってしまう」という含みがあるということになる。[5] つまり、第三段落で「移行」という視点を持ち出したのに対し、第四段落では「もっとも話はそれほど単純でもないんだがね」と付け加え、「さとりをめざす修行」から直線的に「身心脱落」へと移行できるわけではなく、「さとりをめざすこと」そのものが問題だということに気づくことが重要だと示唆しているのである。この段落は「現成公案」後半の内容を予告している。ちなみに「しかも」は現代語の「しかも」ではなく、「それでいて」という意味であろう。

## 自己をはこびて万法を修証するを迷とす

自己をはこびて万法を修証するを迷とす、万法すゝみて自己を修証するはさとりなり。迷を大悟するは諸仏なり、悟に大迷なるは衆生なり。さらに悟上に得悟する漢あり、迷中又迷の漢あり。諸仏のまさしく諸仏なるときは、自己は諸仏なりと覚知する

自己の方からあらゆる物事に働きかけて修行し、その成果を明証しようとするのは、迷いである。逆にあらゆる物事のほうがすすんで修行し、自己を明証しようと働きかけてくるのが、さとりである。迷いから一転してさとりを得るのが諸仏であり、さと

ことをもちゐず。しかあれども証仏なり、仏を証しもてゆく。(五)

りに執着して大いに迷うのが衆生である。さらに、さとりの上にさらにさとりを得る者があり、迷いの中にあってさらに迷う者もある。諸仏がまさしく仏である時には、「自分は仏である」と自覚する必要はない。しかしながら証仏であって、仏を明証してゆくのである。

[註解]

この段落の第一の文「自己をはこびて万法を修証するを迷とす」は第一段落(「さとりをめざす修行」のテーマ)を再現しており、第二の文「万法すすみて自己を修証するはさとりなり」は第二段落(身心脱落のテーマ)を再現している。

第一の文の「修証」がどのような具体的内容を指すかは本文には明示されていない。しかし、天台止観の文脈から考えると、この「修証」という語はおそらく、性欲や食欲の対象、金銭、社会的地位などといったあらゆる個々の物事に対する自分の執着を断ち、またそれらにおいて空を観ずる訓練を指しているものと考えられる。(この点については附論「自己をはこびて万法を修証す」を参照。)ちなみにこのように考えた場合、第一段落の「諸法の仏法なる時節」という句の意味もより明確となる。すなわち、周辺世界のあらゆる物事は修行者にとって観法の師なのである。

道元によれば、このような修行は「迷」である。このような形で対象への執着を絶とうとする場合、修行者が努力すればするほど、そこには「自分」というものが出てきてしまう。この修行の原動力になっているのは、「さとりを得たい」という我執だからである。少し下に「悟に大迷なるは衆生なり」とあるのは、この辺りの事情を指している。「現成公案」で道元が語りかけている相手はこの段階にあり、さとりに執着して迷っている。道元は彼に対して、「そんなやり方で直線的にさとりに到達することはできないんだよ」と言っているのである。

ちなみに、『弁道話』に「修証一等」という言葉があるために、道元の著作に「修証」という語が現れたときにはこれに自動的に関係づけてしまう傾向が一部に見られるが、この文の「修証」は常識的な意味での「修行し、その成果を得ること」を意味している。この点はこのような修証がここで「迷」とされていることからも明らかであろう。(6)

次の「万法すすみて自己を修証するはさとりなり」という句は極めて難解である。文の構成から見て、道元が述べようとしているのは「『身心脱落』の状態における『万法』と『自己』との関係は『さとりをめざす修行』における場合のちょうど逆になっている」ということであろう。つまり、「さとり」という状態においては、「自己」と「世界」の関係が白黒写真のポジ・ネガの反転のように一挙に逆転するのである。環境世界が心によって描き出されたものであるということは大乗仏教においては一般的な考え方であり、またわれわれが「自己」であると考えているものもまた心によって描き出されたものにすぎないので、このような関係の逆転自体は、少なくとも教理の上ではそれほど奇妙なものではない。(7) もっとも、前の文で明確な意味で使われていた「修証」という語は、この第二の文では一見したところ意味不明になってしまっている。この「あらゆる物事がすすんで修行し、自己を明証しようとする」という言葉で、道元は一体何を述べようとしているのだろうか。

実はこの文は、圜悟克勤の「烈焔亙天は仏法を説く、亙天烈焔は法仏を説く」という言葉を下敷きにしたものである。（この点はやや複雑な問題であるので附論「万法すすみて自己を修証す」において別に論ずる。）この圜悟の言葉は『正法眼蔵抄』の該当部分（聞書）にも引用されており、筆者の考えるところでは、この部分は道元自身による口頭の陳述に由来している。（これについては附論「『正法眼蔵抄』の資料的価値について」を参照。）圜悟が言おうとしているのは「仏の行った修行の炎は仏の教えとして世界を満たしており、その炎に覆われること――仏と同じ修行を行うこと――によって、人は仏と同じ形に成型されることができる」ということであると考えられるが、これにもとづいた場合、道元の「万法すすみて自己を修証するはさとりなり」という文が意味するところは「さとりを求めるのをやめ、自己を消し去り、仏の行った修行と同じ修行を行えば、世界（＝仏の修行の炎）の方が仏の姿を描き出してくれる」ということになる。[8] つまり、背後にある圜悟の句の「修行」のイメージが「修証」という句に現れているのである。ちなみに右のように解釈した場合には、この「万法すすみて」の文は「現成公案」巻の最後に置かれた麻浴山宝徹の話に正しく接続する。

以上のふたつの文では「さとりをめざす修行」のテーマと「身心脱落」のテーマがそれぞれ「自己と万法の関係」という視点から改めて表現され、見ようによっては互いによく似ているようにも見えかねない両者が実は互いに正反対の方向性をとっているということが示されている。

ちなみに、第二段落では「身心脱落」のテーマが「まどひなくさとりなく」という、さとりさえもすでになくなっているいわば究極の境地として表現されていた。これに対して第五段落では単に「さとり」という言葉が使われているが、ここで「さとり」と呼ばれているものも事実上「迷いもさとりもない境地」「修行とその成果とがまったく同じものであるような境地」を指していると考えてよいであろう。道元が「さとり」という言葉を使うときには常に若干の曖昧さが付随している。これは、いわゆる「さとり」というものにおいては迷いもさとりもないというのが道元の前提だからである。言いかえれば、「さとり」という言葉は基本的に「いわゆる『さとり』」という意味に解釈されるべきである。

「諸仏のまさしく諸仏なるときは」云々という文では、仏は自分自身が仏であることを「覚知」するのではなくて「証」するのであると述べられている。実践的な観点からみてこのふたつの間にどのような相違があるかという問題は筆者が考証できる範囲を超えたものであるが、第七段落の記述にもとづいて考えるならば、仏の明証は「自己を忘るる」ことを前提としているようである。

## 身心を挙して色を見取し、身心を挙して声を聴取するに

身心を挙して色を見取し、身心を挙して声を聴取するに、したしく会取すれども、かゞみに影をやどすがごとくにあらず、水と月とのごとくにあらず。一方を証するときは一方はくらし。(六)

心と身体のすべてを挙げて物の形を見ようとし、心と身体のすべてを挙げて音を聴き取ろうとする場合、それらの対象をはっきり認識することはできるにしても、鏡に物の形を映すようにはいかず、水面が月の影を映すようにはいかない。一方を明証しているときには、他方を明証することはできないので

ある。

［註解］

「身心を挙して色を見取し、身心を挙して声を聴取するに」という句は「さとりをめざす修行」のテーマを再現している。これは第五段落の「自己をはこびて万法を修証する」態度を別の言葉で表現したものであり、邁進する修行者の激烈な努力を具体的に描写しているのだが、すでに述べたようにこの方向性は「迷」である。これに対して、鏡に宿るものの姿、水に映る月というモチーフが暗示するのは「身心脱落」である。「自己」を離れることのできない努力は、それがさとりをめざす努力であっても――あるいはさとりをめざす努力であるからこそ――さとりの妨げとなる。

「一方を証するときは一方はくらし」という表現の意味については、第十一段落を参照。

## 仏道をならふといふは、自己をならふ也

仏道をならふといふは、自己をならふ也。自己をならふといふは、自己をわするゝなり。自己をわするゝといふは、万法に証せらるゝなり。万法に証せらるゝといふは、自己の身心および他己の身心をして脱落せしむるなり。悟迹の休歇なるあり、休歇な

仏への道を学ぶということは、自己を学ぶということである。自己を学ぶということは、自己を忘れるということである。自己を忘れるということは、あらゆる物事によって明証されるということである。あらゆる物事によって明証されるということは、

る悟迹を長々出ならしむ。（七）

自己の心と身体、他者の心と身体を脱落させることである。［この「身心脱落」というのは次のようなものである。］さとりの跡として、［いわば一種の］空白が存在しているのであるが、この空白であるところのさとりの跡を抽出するのである。

［註解］

ここで第三段落の「移行」のテーマが再び現れている。仏道における決定的な転回点は「自己をわするる」ことである。つまり、「さとりをめざす修行」からこの転回を経て「身心脱落」に至るのである。ここで「身心脱落」とは、「万法に証せらるる」ことであると述べられているが、第五段落に「万法すすみて自己を修証するはさとりなり」とあったことから、「身心脱落」と「さとり」が同じものであることがわかる。

「悟迹の休歇なるあり、休歇なる悟迹を長々出ならしむ」という文は非常に難解である。「長々出」は『禅学大辞典』によれば「増長長出」の略で、「一頭地をぬきんでること」という意味らしい。[9]「休歇」は諸橋『大漢和辞典』によると「やむ。やすむ。休止」ということで、言いかえればこれは一種の空白である。すると、この空白の部分を「長々出ならしむ」というのはいわば図と地を反転させて抽出するということになるであろう。[10]

「他己」という語については附論「万法すすみて自己を修証す」を参照。

## 人、はじめて法をもとむるとき

人、はじめて法をもとむるとき、はるかに法の辺際を離却せり。法すでにおのれに正伝するとき、すみやかに本分人なり。(八)

人がはじめて仏の教えを求める時には、その人は仏の教えからはるかに離れた位置に置かれる。教えがすでに正しく伝わった時には、彼はたちまちその人が本来そうであったところの人物となる。

［註解］

ここではまた「さとりをめざす修行」のテーマと「身心脱落」のテーマが現れているが、その扱い方は「移行」のテーマを意識したものになっている。仏の教えを知り、「自分もさとりを得て仏になろう」と思ったとき、その人はさとりからもっとも遠く離れた場所に連れ去られる。自己を忘れ身心脱落したとき、修行者は実はもともと自分が立っていた位置に帰ってくるのである。

## 人、舟にのりてゆくに

人、舟にのりてゆくに、めをめぐらして岸をみれば、きしのうつるとあやまる。目をしたしく舟につくれば、ふねのすゝむをしるがごとく、身心を乱想

人が舟に乗って行く時、眼を岸のほうにめぐらして見ると、岸が移動しているかのように錯覚する。視線を自分の舟の方につけて見ると舟のほうが進ん

して万法を辨肯するには、自心自性は常住なるかとあやまる。もし行李をしたしくして箇裏に帰すれば、万法のわれにあらぬ道理あきらけし。（九）

でいるということがわかる。これと同じように、自分の心や身体をむやみに使ってあらゆる物事を懸命に理解しようとしているときには、自分の心や自分の本性は一定不変なのではないかと思い誤ってしまう。もし自分自身の日常的なあり方をよく観察してここに立ち返れば、あらゆる物事は自己においてあるのではないという道理は明らかである。

［註解］
ここでは「さとりをめざす修行」と「身心脱落」のテーマのまとめとして、人と舟の比喩が述べられている。物事に対する自分の執着を絶とうと努力している時には、「自分というものは一定不変のものとして存在している」という前提から出発してしまっている。重要なのは世界を消し去ることではなく、自分自身の方を消し去ることである。すると世界が残り、執着だけが消える。

## たき木、はひとなる

たき木、はひとなる、さらにかへりてたき木となるべきにあらず。しかあるを、灰はのち、薪はさき

薪は灰となる。逆に灰が薪となることはあり得ない。しかしながら、「灰は後、薪は先」と理解す

と見取すべからず。しるべし、薪は薪の法位に住して、さきありのちあり。前後ありといへども、前後際断せり。灰は灰の法位にありて、のちありさきあり。かのたき木、はひとなりぬるのち、さらに薪とならざるがごとく、人のしぬるのち、さらに生とならず。しかあるを、生の死になるといはざるは、仏法のさだまれるならひなり。このゆゑに不生といふ。死の生にならざる、法輪のさだまれる仏転なり。このゆゑに不滅といふ。生も一時のくらゐなり、死も一時のくらゐなり。たとへば、冬と春とのごとし。冬の春となるとおもはず、春の夏となるといはぬなり。（十）

べきではない。知れ。薪は「薪」という理論上の位置にあり、これにはそれ自体の「後」「先」がある。前後はあるが、前後は断ち切られている。灰は「灰」という理論上の位置にあり、これにもそれ自体の「後」「先」がある。この薪が灰となってからまた薪になることがないように、人は死んだ後さらに「生」となることはない。しかしながら、「生が死となる」と言わないのは、仏の教えの決まった習わしである。このため「不生」と言う。また死が生にならないのも、仏の説法の決まった言い方である。このため「不滅」と言う。「生」は一時的な位であり、死も一時的な位である。たとえば「冬」と「春」というのと同じである。われわれは「冬」が「春」になるとは考えず、「春」が「夏」になるとは言わない。

［註解］

この段落から後半部に入る。前半部では焦点は「さとりをめざす修行」と「身心脱落」に置かれていたが、後半では焦点は「移行」のテーマに置かれる。

ここでは「灰と薪」、「生と死」という喩えが示されているが、「現成公案」の巻全体としては「灰と薪」や「生と死」の話をしているわけではないので、道元が意図しているのは明らかに「人と仏」の関係である。「法位」というのは法華経方便品に見られる概念で、法華経のコンテクストでは法の不変性を説く場面で使われているが、日本天台では真如と俗世間の同一性に関係した常用表現として使われているようである。[11]ここでは道元は日本天台よりも法華経に近い捉え方をしており、この考え方を持ち出すことによって物の状態の遷移（たとえば「薪」という状態から「灰」という状態への遷移）を否定しようとしている。

この段落の大意は、「人間が仏に変身するわけではない」ということである。これが明らかに読み取れるのは「たとへば、冬と春とのごとし」以降の部分である。つまり、われわれをとりまく自然環境は冬であったり春であったりするのであるが、「冬というもの」が「春というもの」に変身するわけではない。また、「薪というもの」が「灰というもの」に変身するわけではない。これと同じように、「人というもの」であった何かが「仏というもの」である何かに変身するわけではない。次の段落で述べられるように、人がさとりを得るということは、水に月が宿るようなものなのであって、ここでは何らかの「変身」が発生するわけではないのである。

## 人のさとりをうる、水に月のやどるがごとし

人のさとりをうる、水に月のやどるがごとし。月ぬれず、水やぶれず。ひろくおほきなるひかりにて

人がさとりを得るのは、水面に月が映るようなものである。月は濡れず、水も破れない。月は広大な

あれど、尺寸の水にやどり、全月も弥天も、くさの露にもやどり、一滴の水にもやどる。さとりの人をやぶらざる事、月の水をうがたざるがごとし。人のさとりを罣礙せざること、滴露の天月を罣礙せざるがごとし。ふかきことはたかき分量なるべし。時節の長短は、大水小水を撿点し、天月の広狭を辧取すべし。（十一）

光ではあるが、ひとすくいの水にも宿ることができる。月全体、空全体が草の露に宿ることもでき、一滴の水に宿ることもできる。さとりが人を損なわないのは、月が水に穴を開けないのと同じである。人間がさとりを妨げないことは、ひとしずくの露が天や月を妨げないのと同じである。水が深いのであれば、それは天にそれだけの高さがあるということであろう。個別の時点における大きさについては、大きな水や小さな水を調べてみて、そこに映った天や月の大きさに違いがあるかどうかを研究して見よ。

［註解］

この段落は直前の第十段落に直接接続している。前の段落では人がさとりを得るというのは何でないかを説明しているのに対し、この段落ではそれが何であるかを説明している。道元によればそれは月が水に宿るようなものだという。あるいは天全体が一滴の露にやどるようなものだという。これを「現成公案」巻全体の文脈から考えると、「水」は明らかに「自己」であり、「月」もしくは「弥天」は「万法」である。すなわち、「自己」が忘れ去られたあとの空白に、「万法」が映し出されている。この状態を道元は「さとり」と呼んでいる。

右のように解釈すると、第六段落の「一方を証するときは一方はくらし」の意味も明らかとなる。それは「自己」が消え去っていないために「万法」を映し出すことのできない状態であり、この第十一段落で「さとりの人をやぶらざる事、月の水をうがたざるがごとし」「人のさとりを罣礙せざること、滴露の天月を罣礙せざるがごとし」と言われているのと正反対の状態である。すなわち、さとりを得ようという意図をもって「自己をはこびて万法を修証」している時には、「自己」は「万法」を映し出すことができない。自己が消えるとその空白に全世界が映し出される。ちなみにその際には、単に世界がここに二次元的に投影されるのみではない。天の高さは自己の深さなのである。つまり、自己の身体という空白の中に宇宙全体が三次元的に映し出されている。[12]

「時節の長短は」という句については、何らかの意味での時間的な長短と解釈する場合が多いようである。しかし、『三十四箇事書』に別の水月の比喩があり、「天月は同一なりといへども、諸水に移る故に、一なれども、長水に宿り、短水に宿り、方水に宿り、円水に宿る」とあるので、ここでは水の「大きさ」と解釈する。[13]「長短方円」という語は『正法眼蔵』の複数の箇所に見え、[14]いずれも「サイズと形」を意味しているようである。

## 身心に法いまだ参飽せざるには

身心に法いまだ参飽せざるには、法すでにたれりとおぼゆ。法もし身心に充足すれば、ひとかたはたらずとおぼゆるなり。たとへば、船にのりて山なき海中にいでゝ四方をみるに、たゞまろにのみみゆ、さらに

心と身体にまだ物事が満ちていない時には、物事はすでに十分であると感じられるが、物事が心と身体に満ちた時には、一方でまだ足らないと感じられる。ここでひとつ、たとえ話をしよう。船に乗って

ことなる相みゆることなし。しかあれど、この大海、まろなるにあらず、方なるにあらず、のこれる海徳つくすべからざるなり。宮殿のごとし、瓔珞のごとし。たゞわがまなこのおよぶところ、しばらくまろにみゆるのみなり。かれがごとく、万法もまたしかあり。塵中格外、おほく様子を帯せりといへども、参学眼力のおよぶばかりを見取会取するなり。万法の家風をきかんには、方円とみゆるよりほかに、のこりの海徳山徳おほくきはまりなく、よもの世界あることをしるべし。かたはらのみかくのごとくあるにあらず、直下も一滴もしかあるとしるべし。（十二）

陸地の見えない海上に出て四方を眺めると、ただ円く見えるばかりで、別の形は見られない。しかしながら、この大海は円いのでもなく四角でもない。海にはその他に数え切れない性質があるのである。それは宮殿のようでもあり、玉飾りのようでもある。ただ自分の視界が及ぶ範囲がとりあえず円く見えているというだけである。あらゆる物事についても同様である。世間でも世間の外でもそれはさまざまな様相を帯びているが、人は自分が参学して得た眼力の限界のうちでのみそれを見てとり理解するのである。あらゆる物事のあり方を学ぶ際には、「円だの四角だのといった見え方の他に、海や陸地の性質は際限なくあり、世界はさらに広く四方に広がっているのだ」ということを知らねばならない。［水平方向に見渡した］自分の周り［の海］だけがこのようにあるのではない。［上から見おろした］自分の下にある［海］も、一滴の水［のように非常に小さな海の一部］もまた同じだと知れ。（次段に続く）

［註解］

第十二段落から第十四段落までの三段落は、実質的にひとつのまとまりをなしている。

この段落の最初の「身心に法いまだ参飽せざるには…ひとかたはたらずとおぼゆるなり」というふたつの文は、さとりをめざす修行とその飽和点について述べている。すなわち、このような修行がまだ飽和点に達していない時には、この修行方法の問題点は明らかになってこない。しかし、一旦飽和点に達すると、問題が露呈する。そこには何かが足りないのである。

「たとへば、船にのりて山なき海中にいでて四方をみるに」云々の文は、実はその前のふたつの文の具体例にはなっていない。「身心に法いまだ参飽せざるには、法すでにたれりとおぼゆ」の喩えになっているのは次の第十三段落であり、また、「法もし身心に充足すれば、ひとかたはたらずとおぼゆるなり」の喩えになっているのは第十四段落なのである。この段落の「たとへば」以下の部分はこの比喩への導入にすぎない。

その大意は、「人は誰でも自分の理解力の範囲内で世界を理解しているのであり、さとりをめざす修行ではその範囲を次第に広げていくのだ」ということである。

## うを水をゆくに

うを水をゆくに、ゆけども水のきはなく、鳥そらをとぶに、とぶといへどもそらのきはなし。しかあれども、うをとり、いまだむかしよりみづそらをは

魚が水中を行く時、どこまで行っても水の果てはない。鳥が空を飛んでゆく時、どこまで行っても空の果てはない。しかしながら、魚も鳥も昔から水

なれず。只用大のときは使大なり。要小のときは使小なり。かくのごとくして、頭々に辺際をつくさずといふ事なく、処々に踏飜せずといふことなしといへども、鳥もしそらをいづればたちまちに死す、魚もし水をいづればたちまちに死す。以水為命しりぬべし、以空為命しりぬべし。以鳥為命あり、以魚為命あり。以命為鳥なるべし、以命為魚なるべし。このほかさらに進歩あるべし。修証あり、その寿者命者あること、かくのごとし。(十三)

や空を離れたことは未だかつてない。ただ、必要となる空間が大きい時には使われる空間も大きく、必要となる空間が小さい時には使われる空間も小さいのである。［これが「心と身体にまだ物事が満ちていない」状態である。］このようにして、それぞれその限界に至るまで行き、至るところに身を翻しているわけであるが、鳥がもし［空の限界にまで至って、］空から出てしまったらたちどころに死んでしまうし、魚が［水の限界にまで至って］水から出てしまったらすぐに死んでしまう。「水をもって命となす」とはこのことであり、「空をもって命となす」とはこのことである。鳥をもって命となすのであり、魚をもって命となす。命をもって鳥となし、命をもって魚となすのであろう。この他にさらに色々なことが言えるであろう。修行とさとりの明証と［の区別］があり、［修行者の］寿命があるというのは、このようなことである。(次段に続く)

[註解]

ここで述べられているのは、自分の世界を次第に広げながら、その限界に至るまでさとりのための修行を行っている修行者の姿である。次第に遠くへと飛び、自分の世界を広げていく鳥のように、さとりをめざす修行者は世界の物事を空《くう》と観じながら執着を断つ訓練を重ねてゆき、修行の進歩を楽しむ。このような修行を行っている間は、限界というものは意識されない。(「法すでにたれりとおぼゆ。」)世界は広く、修行者には十分な進歩の余地がある。しかし、その修行がついに飽和点に達する時がくる。鳥が空から飛び出すことができないように、修行者もこの地点から先へ進むことができない。

段落末の「寿者命者」の解釈は難しいが、この語は「夢中説夢」「見仏」「出家功徳」の各巻に一回ずつ見え、どれも「寿命」を意味しているようなので、ここでも「寿命」と解釈する。道元がここで言いたいのはおそらく、さとりをめざす修行者が到達できるのはここまでであり、もしここで転回点を迎えることができない場合には、修行者はここで限界を突破できずに寿命の尽きるのを待つということなのであろう。空の果てをめざす鳥の命が空の限界によって限定され、水の果てをめざす魚の命が水の限界によって限定されているように、さとりを目指して「自己をはこびて万法を修証する」修行者の修行の限界は世界の限界によって限定されているのである。

本文中で「以水為命」「以空為命」が「以鳥為命」「以魚為命」「以命為鳥」「以命為魚」と言い換えられているが、この言い換えに深い意味があるかどうかはわからない。

## しかあるを、水をきはめ、そらをきはめてのち

しかあるを、水をきはめ、そらをきはめてのち、水そらをゆかんと擬する鳥魚あらんは、水にもそらにもみちをうべからず、ところをうべからず。このところをうれば、この行李したがひて現成公案す。このみちをうれば、この行李したがひて現成公案なり。このみち、このところ、大にあらず小にあらず、自にあらず他にあらず、さきよりあるにあらず、いま現ずるにあらざるがゆゑにかくのごとくあるなり。（十四）

これに対して、水のすべてを究めつくし、空のすべてを究めつくした後で［まださらに］水や空を行こうとする鳥や魚がいたとしよう。これらの鳥や魚は［もう］水にも空にも道を得ることはできず、場所を得ることもできないだろう。［これがつまり「物事が心と身体に満ちた状態」なのであるが、ここでもし］この場所を得れば、自分自身の日常的なあり方がそれに応じて、眼の前で仏の道を示す。この道を得れば、自分自身の日常的なあり方がそれに応じて「眼の前にあって、仏の道を示すもの」としてある。この道、この場所は、大きいのでもなく小さいのでもなく、自分でも他者でもなく、以前からあるのでもなく今現れたのでもない。だからこそこのようにしてあるのである。

［註解］

第十三段落では「心と体にまだ物事が満ちていない状態」について比喩を用いて説明したが、ここでは「物事が心と身体に満ちた状態」に達した時に発生する転回について述べている。

「しかあるを、水をきはめ、そらをきはめてのち、水そらをゆかんと擬する鳥魚あらんは」という段落冒頭の文は、第十二段落の「法もし身心に充足すれば、ひとかたはたらずとおぼゆるなり」に対応している。つまりここではじめて比喩が完結している。

いくつかの翻訳・解説書ではこの冒頭の文を「水のすべて、空のすべてを究めつくすことを後回しにして水や空を行こうとする鳥や魚がいたとしても」というように解釈している。このような解釈は右の点を正しく理解しておらず、この解釈に従った場合には比喩が完結せずに流れてしまうことになる。したがって不適切な解釈である。(15)

鳥が飛行の限界に至ったとき、鳥はすでに空を究め尽くしてしまっているが、まさにその故にこそ「まだ不足だ」と感じる。それでさらに遠くへ飛ぼうとするが、もう空の果まで来てしまっているために、そこから先へ飛んでゆくことができない。言い換えれば、さとりをめざして邁進する修行者は物事への執着を断つ努力を重ねて、ついに自分の外にあるあらゆる物事に対する執着を断つに至った。ここから先へ進むことはできない。しかしまださとりは得られていない。だから先へ進まねばならない。この臨界点において、ついに修行者の視線が反転する。「さとりをめざすこと」こそが自分自身の最大の煩悩だったのである。彼または彼女の最後のステップは、自己を忘れることだったのである。「このみち」「このところ」とは、この自己を忘れる道のことである。つまり、この段落は第七段落で抽象的に語られていた内容を具体的な比喩で言い換えたものである。

段落冒頭の「しかあるを」を「これに対して」という現代語で訳したが、これは「限界に到達してそこにとどまって寿命の尽きるのを待つ者」と「限界を突破しようとする者」の対比を明確にするためである。

「大にあらず小にあらず、自にあらず他にあらず」という句は、『弁道話』冒頭の「はなてばてにみてり、一多のきはならむや。かたればくちにみつ、縦横きはまりなし」という句に類似している。これは『弁道話』でいう自受用三昧の逆説的性格を示している。

ここで、「このところをうれば、この行李したがひて現成公案す」と述べられている。「公案」という語は本来「役所の公文書」という意味であったらしい。そこでここでは「ガイドライン」と解釈する。[16] 古則公案は古くからあるきまったガイドラインであるが、現成公案は今眼の前にあるガイドラインである。つまりここで「万法」が空白の「自己」を照らし出し、仏を証していることを指して、まさに目の前にある現実そのものが修行（＝さとり）のガイドラインとなるのだと述べているのである。

## しかあるがごとく、人もし仏道を修証するに

しかあるがごとく、人もし仏道を修証するに、得一法、通一法なり、遇一行、修一行なり。これにところあり、みち通達せるによりて、しらるゝきはのしるからざるは、このしることの、仏法の究尽と同生し、同参するゆゑにしかあるなり。得処かならず

このように、人が「さとりをめざして」仏への道を修行し「その成果を」明証しようとする際には、ひとつの物事を得るごとにひとつの物事に通じ、ひとつの行に出会うごとにひとつの行を修めていくのである。「転回点において」場所が得られ、道が通

自己の知見となりて、慮知にしられんずるとならふことなかれ。証究すみやかに現成すといへども、密有かならずしも現成にあらず、見成これ何必なり。

（十五）

ずることによって知られる辺際が［転回点に至る前には］はっきりわからないのは、この「知ること」が仏教の教えを極め尽くすことと同時に生まれ、それに伴っているからそのようなのである。「自分が得たところのものは必ず自分の知見となり［自分の］日常的思考に知られるであろう」と考えてはならない。［さとりをめざす修行によってひとつひとつ］究められた明証はすぐに眼の前に現れるが、密かに隠れてあるものは必ずしも眼の前に現れてくるものではない。見えるということが必ずしも重要だというわけではないのである。

［註解］

「得一法、通一法」「遇一行、修一行」と言われているのは「さとりをめざす修行」のありかたである。つまり、さまざまな物事についてひとつひとつ自分の執着を断ってゆくような修行法を指している。

岩波文庫版のテクストでは「これにところあり、みち通達せるによりて」の後に読点があるが、この読点は省いたほうがよいであろう。つまり、『これに所があり、道が通ずることによって知られる』辺際」と解釈する。「さとりをめざす修行」を行っている段階では、転回の後にどのような境地が生ずるかということをあらかじめ知ることはできない。さとりをめざす修行の極限にまで達しないとそれは見えてこないのである。

最後の「証究すみやかに現成すといへども、密有かならずしも現成にあらず、見成これ何必なり」という文は難解だが、この文は「さとりをめざす修行において明証される表面的な成果」と「その修行の過程でひそかに蓄積されていき結果として転回点へと導く隠れた成果」とを対照させているように思われる。ただしこれについては別の解釈もあり得るかもしれない。

## 麻浴山宝徹禅師、あふぎをつかふちなみに

麻浴山宝徹禅師、あふぎをつかふちなみに、僧きたりてとふ、「風性常住、無処不周なり、なにをもてかさらに和尚あふぎをつかふ」。

師いはく、「なんぢたゞ風性常住をしれりとも、いまだところとしていたらずといふことなき道理をしらず」と。

僧いはく、「いかならんかこれ無処不周底の道理」。ときに、師、あふぎをつかふのみなり。

僧、礼拝す。（十六）

麻浴山宝徹禅師が扇を使っていると、ひとりの僧がやってきて質問した。「風の本性は常住であり、行き渡らない所はない。和尚はどうしてまた扇を使っているのか。」

禅師は言った。「あなたは風の本性が常住だということを知ってはいるが、行き渡らないところはないという道理についてはわかっていないな。」

僧は言った。「では、行き渡らないところはないというのはどういうことか。」

仏法の証験、正伝の活路、それかくのごとし。常住なればあふぎをつかふべからず、つかはぬをりもかぜをきくべきといふは、常住をもしらず、風性をもしらぬなり。風性は常住なるがゆゑに、仏家の風は、大地の黄金なるを現成せしめ、長河の蘇酪を参熟せり。(十七)

その時、禅師はただ扇を使うのみであった。僧は礼拝した。

仏の教えの明証の経験、正しい伝達の生き生きしたあり方はこのようなものである。常住であるから扇を使うべきではない、扇を使わない時にも風を感じるはずであるという人は、常住ということも風の本性ということもわかっていない。風の本性が常住であるからこそ、仏の風は黄金の大地を眼の前に現し、長河の水を乳酪とするのである。

[註解]

この話の一般的な解釈では、ある僧の「人が本来仏であるならなぜ修行するのか」という本覚門的な問いに対して宝徹が「その本来の仏性を実現するためにこそ修行ということが必要なのだ」と答えたということになっている。しかし、ここまで道元が述べてきたのは、「さとりをめざす修行ではさとりに行きつくことはできない」ということである。したがってこのような解釈は道元の意図から微妙にずれている。

この問答を「現成公案」巻の文脈から解釈してみると以下のようになるであろう。僧が宝徹に問う。「風性は常住で至らざるところはない。どうして扇を使うのか。」これは一般的解釈の通り、「あなたが本来仏であるならば、どうして修行などする必要があるのか」という問いであるが、むしろこの僧はさとりを開くために修行に邁進している人物で、のんびり涼んでいる宝徹に対して皮肉を言おうとしたのかもしれない。「やあ本覚和尚、相変わらずのんびりやってるね。」ここで、このように問いかけられたのが仮に宝徹ではなく道元であったとしよう。道元によればそもそも、仏道とは仏性を探求することではない。仏性をどこまで探求しても、それで直線的にさとりに到達することはできない。仏道とは修行の果てに自己を消去することなのである。しかしこの僧は実体化された「仏性」の存在を前提としてしまっており、そのために視線があらぬ方向に向かってしまっている。そこで道元は、この僧の視線を正しい方向に向けるために答える。「なんぢただ風性常住をしれりとも、いまだところとしていたらずといふことなき道理をしらず。」すなわち、「あなたが仏性を探し求めているのはわかったよ。でも実際に「仏である」ということがどういうことなのか、あなたは知らないだろうね。」道元の答えを聞いた僧はすぐにはその意味を理解できず、「それはどういうことなのですか」と聞き返してしまう。しかし、道元が悠々と扇を使っているのを見ていると、たしかに風は道元の方ばかりに向かっており、風性風性と騒ぎ立てている自分のほうはさっぱり涼しくならない。ここで僧はようやく、「仏性」を目指して邁進している自分自身に向けられた道元の視線に気づく。修行は確かに必要だが、修行が仏の姿を描き出すのは、さとりを求める自己が消え去った時においてのみなのである。道元は自己を空《から》にして、風に身をまかせている。僧はその時ようやく、眼の前に仏がすわっているのに気づいた。

「仏家の風は、大地の黄金なるを現成せしめ、長河の蘇酪を参熟せり」という道元の言葉が「万法に証せ」られている状態を表現しているという点には注意すべきである。従来の解釈ではこの道元の言葉が宝徹の話に接続していない。道元がここで述べているのは、始覚だ本覚だとやかましく議論を戦わせている連中には物が全然見えていないということなのである。

筆者はこの問答を中国禅宗史の中に位置づけるための十分な知識をもっておらず、筆者が道元の解釈であろうと推定するところのものがこの問答の本来の解釈として正しいものであるかどうかはわからない。あるいは道元はここでまったく新しい解釈を行っているのかもしれない。しかしいずれにせよ、従来の解釈では「自己」というものがあとに残ってしまうように思われる。

## 奥書

正法眼蔵見成公案第一

これは天福元年中秋のころ、かきて鎮西の俗弟子楊光秀にあたふ。

建長壬子拾勒

正法眼蔵第一　現成公案

これは天福元年中秋のころに書いて、鎮西の俗弟子楊光秀に与えたものである。

建長四年に収録

［註解］

この奥書の重要性については序論「本書の提示する視点」節を参照。

## 註（本文・現代語訳・註解）

（1）松本史朗『道元思想論』（大蔵出版　平成一二年）三七―三八頁および一九二頁。テクストは大正蔵四六巻、一〇頁中段および一一頁中段。松本によれば道元はここで「現象的な個々の事物に仏性が全面的に顕れている」という思想（仏性顕在論）を提示しているのだというが、松本はこの「仏性顕在論」は「悟りの方向」を示しているとも述べているので、松本の解釈に従った場合には第一段落は全体として「さとり」への方向を示しているということになる。しかし以下に示すように、「さとりをめざす修行」は「さとり」への道のひとつの段階ではあり得るものの、それ自体としては「迷い」である。ちなみに、松本の解釈にしたがった場合には第一段落と第二段落がどちらも「さとり」について述べていることになるように思われるが、松本はこの点については言及していないようである。

（2）『修善寺決』に五例、『三十四箇事書』に三例、『漢光類聚』に十一例、『相伝法門見聞』に一例を確認した。（テクストは『天台本覚論』（岩波書店　平成七年）による。）『漢光類聚』には「一切諸法は本これ仏法なり」と題した節もある（一九九頁）。ちなみにこれらの文献では該当の句が「読時即断惑」に関係して現れている場合がいくつか見られる。（たとえば『三十四箇事書』一八一―一八二頁。）『八宗綱要』にも「二名字即、聞上諸説一実菩提、於名字中通達解了、知一切法皆是仏法、是為名字即。」「名字即とは、理即で説く一真実の菩提について善智識や経典によって、この円教の教えをよく理解して、一切の諸法はすべて仏法であることがわかる。これを名字即という」（鎌田茂雄訳　講談社学術文庫版三三九頁）とある。道元が特にこの句を取り上げて使ったことには、ことによると本来想定されていた読者である楊光秀の仏道修行の傾向が反映されているかもしれない。

（3）ただし、天台の実践体系が実際に修道の全体にわたって「さとり」を実体化するものであるかどうかという点については筆者は判断を保留したい。池田魯參「天台学の修証の構造」（『駒澤大学佛教學部研究紀要』三五　昭和五二年）注十五によれば、道元の「修証一等」に近い考え方を天台の実践体系のうちに読み取ることも不可能ではないようである。

（4）『全集』　第十巻　四八―四九頁。

（5）『聞解』の該当箇所に「花は愛惜にちり、是は順ずる疾で悟を求て愛すればいよ〳〵遠ざかり、又迷の草を嫌へばいよ〳〵生じ来る、是は違する疾」とある。この解釈は正しいものと思われる。

（6）ただしこのことはもちろん、『正法眼蔵』における「修証」という語が常にネガティブな意味で使われているということを意味しているわけではない。

（7）われわれは通常実在論的に思考しており、「眼の前にある物体や世界全体は心の作用にすぎない」とは考えていない。しかし、これを「実在としての世界」についての問題ではなく「世界像」についての問題であると解釈すれば、現代のわれわれにとってもそれほど違和感のある考え方ではないであろう。

（8）これは松本史朗が「仏性顕在論」と呼ぶものに似ている。もっとも、松本の解釈によれば世界を満たしているのは「仏性」であるのに対して、該当の文を圜悟の言葉にもとづいて解釈する場合には、世界を満たしているのは第一義的には「修行」である。松本の言う「仏性顕在論」が東アジア仏教に内在しているのは確かのようであり、松本の研究は東アジア仏教一般について言えば本質的に重要な点を突いている。ただ、私見によれば、道元はこれをいわば「修行顕在論」で読み替えようとしているようである。

つまり松本は確かに道元の尻尾を捕まえているように見えるが、道元が立っているのはおそらく尻尾があるところとは違っているだろう。

(9)『伝灯録』十、長沙景岑章の「有僧問、如何是沙門眼、師云、長長出不得」という例による。

(10)このような表現のしかたはやや冗長に感じられるが、単なる空白を「身心脱落」と呼ぶことに違和感があったのかもしれない。

(11)『本理大綱集』に二例、『天台法華宗牛頭法門要纂』に二例、『修善寺決』と『本覚讃釈』にそれぞれ一例を確認した。(テクストは『天台本覚論』(岩波書店　平成七年)による。)たとえば『本理大綱集』には、「法性の理の中に染浄の諸法を具足して共なり。故に経に云く、「この法は法位に住して、世間の相も常住なり」と、云々」(十三頁四行)、「三千世間の形を仏界の心に収むる時を、「是法住法位、世間相常住」と曰ふ」(十九頁五行)とあり、これらは真如と俗世間の同一性を主張する根拠となっている。

(12)これはほとんど梵我一如を想起させるようなイメージである。ただし道元は宇宙と自己が同一であると述べているわけではない。

(13)『天台本覚論』一六四—一六五頁

(14)たとえば「光明」巻(岩波文庫版第一巻二八六頁)、「画餅」巻(同第二巻一〇一頁)など。

(15)『聞解』に「其水其空をきわめてからあとで其水や空をゆかんと擬するは」云々とあり、また『私記』に「きはめてのちゆかんとするは」云々とあるので、このあたりの誤解を継承したのであろう。

(16)「公案」という語を「真理」などという意味に解釈している研究が散見されるが、役所の文書というものは「真理」とか「絶対」というようなものとは無縁のものである。たとえば役所で「各家庭のごみをこういうしかたで分別しましょう」という文書を作ったとしても、それが実際に行われるかどうかは現実的なさまざまな事情に依存している。官僚組織や統治技術の未発達であった日本の鎌倉時代や中国の宋の時代にあって、役所の文書が何らかの意味で絶対的なものであったとは考え難い。

# 附論

# 附論一　自己をはこびて万法を修証す

「本文・現代語訳・註解」の部では、第五段落冒頭の「自己をはこびて万法を修証するを迷とす」という文について、「おそらくあらゆる個々の物事（たとえば性欲や食欲の対象、金銭、社会的地位など）について、それに対する自分の執着を断つ訓練を指している」と推定した。ここではこれに関するひとつの傍証を挙げておくことにしたい。

以下に示す天台小止観（『略明開蒙初学坐禅止観要門』）「第六正修行」に見られる止観に関する記述は、右の解釈に矛盾なく整合している。(1) 該当の部分では止観の修習を「坐禅のなかで修習すること」（於坐中修）と「縁に歴《わた》り境に対して修習すること」（歴縁対境修）のふたつに分け、(2) 後者をさらに「縁に歴って止観を修習すること」と「境《ものごと》に対して止観を修習すること」に分ける。縁には行・住・坐・臥・作作・言語の六種があり、境には色・声・香・味・触・法の六種がある。以下に「色」に対する止観の記述を関口真大による現代語訳とともに掲げる。(3) まず止について。

次、云何名眼見色時修止、随見色時、即知如水中月、無有定実、若見順情之色、不起貪愛、若見違情之色、不起恚悩、若見非違非順之色、不起無明、及諸乱想、是名修止

つぎに、眼でものを見ることのなかで止を修習するとは、どうすることか。ものを見るとき、水のなかの月のように、定まったものもなく実体があるわけでもないと知り、もし気に入ったもの、快いものを見ても、それに対する貪愛を起さず。いやなものご

とを見ても恚を起こさず悩みも起さず、その他の様様なものごとに接してもまよいも起さず。いろいろに乱れた心を起さない。これが止を修習するということであり

次に観について。

云何名眼見色時修観、応作是念、随有所見、即無見相、所以者何、於彼根塵、空明之中、各各無見、亦無分別、和合因縁、出生眼識、眼識因縁、即生意識、意識生時、即能分別、種種諸色、因此則有、一切善悪等法、即当反観、念色之心、不見相貌、当知、見者及一切法、畢竟空寂、是名為観

眼でものを見るときに観を修習するというのは、どういうことか。こう考えるがよい。見るということがあっても、見るということに定まった相《すがた》があるわけではない。なぜなら眼耳鼻などの五根と色声香味触の五塵の境が和合するからそこに眼識が出生し、その眼識が原因になってそこに意識が生じ、意識が生じたときにいろいろのものごとを分別する。これによって善悪等のいろいろな物事があることになる。反って色を念ずる心を観察してみると、相《すがた》も貌《かたち》も見られないし、実体がない。見る人も見られたいろいろな物事も、結局は空なるものである。

このようにあらゆる認識対象に対する自己の執着を取り除き、空を観じていくような修行のしかたを「自己をはこびて万法を修証す」という言葉で表現するのは自然なことであると考えられる。

## 附論二　万法すすみて自己を修証す

「現成公案」第五段落冒頭にある次の文はきわめて難解である。

自己をはこびて万法を修証するを迷とす、万法すすみて自己を修証するはさとりなり。

引用部分の前半は「さとりを求める修行」を描写していると考えられるが、後半の意味、特に「修証」という語がここで具体的に何を指しているかは自明ではない。

このくだりを理解するために重要なのは『圜悟録』の次の文章である。[4] ちなみにこの文章は『正法眼蔵抄』が「万法すすみて自己を修証す」を説明している部分に引用されており、筆者の考えによればこれは道元自身による口頭の陳述に由来するものである。（この点については附論「『正法眼蔵抄』の資料的価値について」を参照。）以下に、「行仏威儀」巻に引用されている該当のテクストを『正法眼蔵』岩波文庫本にしたがって書き下しで示す。[5] 現代語訳は大体において『全集』の水野弥穂子のものにもとづいているが、一部改めてある。

雪峰山真覚大師、示衆云、「三世諸仏、火焔
裏に在って大法輪を転ず」
玄砂院宗一大師云、「火焔、[6]三世諸仏の為に
説法するに、三世諸仏は地に立ちて聴く」
圜悟禅師云、「将に謂へり猴白と、更に猴黒
有り。互換の投機、神出鬼没なり
烈焔亙天は仏法を説くなり、
亙天烈焔は法仏を説くなり。
風前に剪断す葛藤窠、
一言に勘破す維摩詰」。

(開炉の日に当たって、)雪峰山の真覚大師(義存)が修行の僧たちに示して言われた、「三世諸仏は、火焔裏に在って大法輪を転ずる」。

玄砂院宗一大師(師備)が言われた、「火焔が三世諸仏の為に説法すると、三世諸仏は地に立って聴く」。

圜悟禅師(克勤和尚)が言われた、「猴白という悪がしこい奴がいると謂《おも》っていたら、猴黒というそれを上まわる悪がしこい奴がいた。(言葉を)互いに入れ換えて投機《おし》えているが、(その表現たるや)神出鬼没である。

烈焔亙天とは、仏が法を説くことであり、
亙天烈焔とは、法が仏を説くことである。
風の吹く前に葛藤《つたかずら》のまつわる煩悩のすみかを剪《たち》断《き》って、
維摩詰《ゆいまきつ》の正体を一言に勘破している」。

雪峰が開炉の日に「この火の中には三世諸仏がいて説法している」(修行の中にこそ仏がいる)と言う。玄砂はこれを言い換えて「火(修行)のほうが仏たちに説法するのだ。三世諸仏はそれをうやうやしく聴いて

いる」と言う。圜悟はさらにこれを言い換える。「炎が天を満たすというのは仏が法を説いているのであり、全天が炎を烈にするというのは法が仏を説いているのである」。

問題は圜悟の「仏が法を説く」と「法が仏を説く」という言葉である。道元は「行仏威儀」で次のように述べている。(7)

この道は、真箇これ晩進の光明なり。たとひ「烈焔」にくらしといふとも、「亙天」におほはれば、われその分あり、他この分あり。亙天のおほふところ、すでにこれ烈焔なり。

この言葉は、本当に後世、道を学ぶ者の光明である。よしんば「烈焔」において暗いとしても、「亙天」におおわれていれば、私にもその一分があり、他にもこの一分がある。「亙天」のおおうところは、すでに「烈焔」である。

仏の修行の炎は法として世界に満ちているが、この炎に覆われれば——すなわち、法の導きに従って仏と同じ修行を行えば——仏と同じ形に鋳込まれることができる。

つまり、雪峰・玄砂・圜悟は言葉を入れ換えながら炎（＝修行）についてのさまざまな表現を試みているが、最終的に圜悟が示しているのは、「いかにして人は修業によって鋳造されることができるか」ということである。問題の「万法すすみて自己を修証するはさとりなり」が前提としているのはこの図式である。(8) ちなみにやや似たパターンは『弁道話』にも現れているが、「万法すすみて自己を修証す」という句の直接的な基礎となっているのは圜悟の言葉の方であろう。(9)

ところで「現成公案」のほうでは、次の第七段落の記述からもわかるように、「万法に証せられる」ことは「自己を忘れる」ことに等置され、さらに「身心脱落」に等置されている。

仏道をならふといふは、自己をならふ也。自己をならふといふは、自己をわするゝなり。自己をわするゝといふは、万法に証せらるゝなり。万法に証せらるゝといふは、自己の身心および他己の身心をして脱落せしむるなり。

つまり道元のとらえ方では、図式の中に「自己を消去する」というモチーフが明示的に入っている。[10]圜悟の「法が仏を説く」というテーマはここで、「自我意識が消えていない時には自己と世界の境界は自己の側から定義されているが、自己を消し去った時には修行（＝世界を満たす仏の法）のほうが自己の境界を定義する」という形で再現されているのである。

道元がなぜ「万法すすみて自己を修証するはさとりなり」の文で「修証」という言葉を使っているかという点は、右の議論によって明らかであると思われる。この句が「修行が人を鋳造する」というイメージを背景にしていることを考えに入れれば、道元の心の中ではここに「修行」という観念が現れるのはむしろ自然なことだったのである。

もうひとつここで触れておきたいのは、上に引用した「現成公案」第七段落に見られる「他己」という言葉である。ここで「自己」とならんで「他己」という言葉が現れているのは唐突に見えるが、圜悟の言葉に対する道元の評に「亙天におほはれば、われその分あり、他この分あり。」という句があるのを見れば、道元がここで「世界に満ちた修行」が「自己」だけではなく「他己」の境界をも規定しているイメージを抱いていたのは明らかである。おそらくこの「他己」の境界規定には「自己」が行う修行の炎も加わっているに違いない。

## 附論三 『正法眼蔵抄』の資料的価値について

『正法眼蔵抄』は『正法眼蔵』の註釈のうちもっとも古いものであり、道元の弟子詮慧が道元から直接得た情報をもとにして、詮慧の弟子である経豪が編纂したものとされている。しかし実際にはこの註釈によって『正法眼蔵』を理解するのは極めて困難であって、おそらく宗学研究者たちも内心ではこの点に関してかなり困惑しているのではないかと思われる。[11] このような状況は健全なものではない。ここでは本書で行われた議論にもとづいて、『正法眼蔵』と『正法眼蔵抄』の関係を再考するためのひとつの視点を提示しておきたい。[12]

附論「万法すすみて自己を修証す」で論じたように、「現成公案」第五段落の「万法すすみて自己を修証するはさとりなり」という句は圜悟の「烈焰亙天は仏法を説くなり、亙天烈焰は法仏を説くなり」というテーマを再現したものである。またそこでも触れた通り、『正法眼蔵抄』の該当部分の註釈（聞書）はこの圜悟の言葉を引用している。このことが意味しているのは、『正法眼蔵抄』のこの引用は――その見かけ上の奇怪さとは裏腹に――道元自身の陳述を書き留めたものであろうということである。

『正法眼蔵抄』のこの部分にはもうひとつ注目すべき点がある。それは、詮慧も経豪も自分たちがなぜこの圜悟の言葉を引用しているか理解していなかったらしいということである。『正法眼蔵抄』は圜悟の言葉を次のように引用している。

圜悟は猴の白黒、神鬼の出没互換し、烈焰亘天、亘天烈焰とを、ちがへてあげて佛と法との同なることをあらはす、今の自己と、萬法と、迷と悟との間可心得合也。

つまり註釈によれば圜悟が述べているのは、「仏と法は同じものであり、したがって「自己」と「万法」、「迷い」と「さとり」も同じものだ」ということだということなのであるが、これは少なくとも道元の意図ではないであろう。つまり詮慧にはここで何が問題となっているかがわかっていないのである。

別の例を挙げよう。第一段落冒頭の「諸法の仏法なる時節」という句に対して、『正法眼蔵抄』（聞書）は次のように註している

諸法は是甚麼物恁麼来なる也。萬法われにあらぬ段は、説似一物即不中にあたる、しかあれば、両段の心一となる也。

これも見かけ上は奇怪としか言いようのない註である。しかし、本書でしたようにこの第一段落を「さとりを目指して努力している修行者の視点から見た世界」と解釈する場合には、この註釈は正しい。「是甚麼物恁麼来」とは、さとりを目指して邁進している修行者に対して「あなたはそもそも仏ではないか。一体何を

探しているのか」と謎をかける問いだからである。また、「説似一物即不中」は「是甚麼物恁麼来」と問いかけられた修行者が苦心の末にたどり着いた答えであり、したがって「諸法の仏法なる時節」と「万法ともにわれにあらざる時節」の関係（迷いから「さとり」へ）は確かに「是甚麼物恁麼来」と「説似一物即不中」の関係に等しい。(13) この註釈も道元自身の陳述にもとづいたものに違いない。ところが、この少し先の「万法ともにわれにあらざる時節」への註釈（聞書）には次のようにある。

此段は、只前後につらねたる許也、同事をふたゝび、開演するなるべし、佛法なる時節こそわれにあらざる時節なれ。

詮慧は「諸法の仏法なる時節」と「万法ともにわれにあらざる時節」とが同じものであると言うのである。これは明らかに詮慧が勝手に挿入した見当はずれの解釈である。

次の例は、第十二段落の「身心に法いまだ参飽せざるには、法すでにたれりとおぼゆ。法もし身心に充足すれば、ひとかたはたらずとおぼゆるなり」に対する註釈（聞書）である。「本文・現代語訳・註解」の部で見たように、該当の本文は「さとりをめざす修行」から「身心脱落」への転回点を予示するものである。

坐禅の充足せむ時は、殺佛すともいふべし。

本文のこの部分が事実上「殺仏」を述べていることは明白である。おそらくこれも道元自身の陳述にもとづいているのであろう。しかし、詮慧がここで「坐禅の充足せむ時は」と述べているのは、詮慧がここでもテクストを十分に理解していなかったことを示しているかもしれない。ここで限界に達しているのは言うまでもなく「さとりをめざす修行」のほうである。

右のことからまず言えるのは、『正法眼蔵抄』の「現成公案」の部分には道元自身の陳述が実際に含まれているということである。[14] 言うまでもなく、こうした陳述は「現成公案」を解釈するために極めて重要な補助線となり得る。また同様のことはおそらく「現成公案」巻だけではなく他の巻への註釈についても言えるであろう。しかし、右の例からわかるように、詮慧と経豪はおそらく『正法眼蔵』のテクストをよく理解しておらず、道元の口頭による説明の意味もわかっていなかった。このため、『正法眼蔵抄』の中には、詮慧が意味を理解せずに書き取った正しい情報が大量の恣意的解釈の中に埋もれており、これを読んだだけではどの部分が道元自身の陳述なのかを確定することはほぼ不可能である。つまり、『正法眼蔵抄』の記述のうちどれが正しい情報でどれが誤った情報なのかということは、対応する『正法眼蔵』のテクストのほうの意味が正しく理解できるようになるまではわからないのである。

## 註（附論）

（1）引用は関口真大『現代語訳天台小止観』（大東出版社　平成十年）による。
（2）関口五七頁。『修習止観坐禅法要』の対応箇所は大正蔵四六巻四六六頁下段。
（3）関口七八頁―七九頁。『修習止観坐禅法要』の対応箇所は四六八頁中段以下。

(4)出典は『圜悟録』十九。

(5)岩波文庫本第一巻一六九—一七〇。

(6)岩波文庫版では「火焔ㇳ」となっているが、『全集』に従って「火焔、」に改めた。

(7)岩波文庫本第一巻一七八頁。

(8)ただし、圜悟の「法」が「教え」を意味していると考えられるのに対し、道元の「法」はこの句では「もの」を意味している。あるいは「一切諸法皆是仏法」という言葉が「もの」と「教え」を媒介しているのかもしれない。

(9)『弁道話』の該当の部分(岩波文庫版十五頁「もし人、一時なりといふとも」から十八頁「はかりはかるべきにあらず」まで)は「宗門の正伝にいはく」で始まる文に後続しており、「宗門の正伝」の内容に含まれていると考えることもできる。またこの部分は文体の冗長性という点で前後の文章と極端な対照をなしている。この二点から筆者は、該当の部分は純粋に道元自身の手になるものではなく、何らかの口承を道元が記録したものにもとづいたものであろうと考えている。もちろんその場合にも該当の口承を流用しているのは道元自身なのであるから、道元がこのような神話的な世界像をまったく信じていなかったと言うことはできないが、すべてを文字通り信じていたと断定することもできないだろう。この点に関しては別の機会に改めて論ずる予定である。松本史朗は『道元思想論』(第四章および第五章)において主としてこの『弁道話』の記述にもとづいて「万法すすみて自己を修証するはさとりなり」を解釈しようとしている。悪くない着眼であるが、「修証」という言葉を説明できていないように見受けられる。

(10)筆者は圜悟の言葉もこの「自己を消去する」というモチーフを暗黙のうちに前提としているだろうと考

えているが、いずれにせよ道元においてはこのモチーフは明示的である。

(11) 山内舜雄『正法眼蔵聞書抄の研究』(大蔵出版　平成十年)など、『正法眼蔵抄』自体に関する研究も存在しているが、それらの研究によって明らかにされているのは主としてたとえば詮慧らと天台教学との関係などといったことがらであり、こうした研究によって『正法眼蔵』が少しでも正しく読めるようになったかと言うと、現時点ではかなり疑問が残る。

(12) 筆者が研究者としての基礎的訓練を受けたのは曹洞宗学ではなく、インド古典文献学と宗教学の分野においてである。このため、「『正法眼蔵抄』の権威」といった(ある意味で微妙な)問題については、筆者は宗学出身の研究者よりも自由な立場にある。

(13) 「是甚麼物恁麼来」と「説似一物即不中」については、『印度学宗教学会論集』第四十四号(平成二九)に掲載の拙論「証上の修」を参照。

(14) 興味深いことに、ここで取り上げた例ではいずれも註釈が一見突拍子もないことを述べているかのように見える。おそらく道元はこのように謎をかけるようなしかたで弟子を導こうとしていたのであろう。しかし詮慧らには道元の指導に応えられるだけの能力がなかったものと思われる。

# 解題

## 「現成公案」研究史

「現成公案」巻には膨大な研究が存在するが、筆者は「現成公案」研究史というものを眼にしたことがない。実際のところ、そのようなものは誰にも書けなかったのである。もっともこれは研究者の情報収集能力の問題ではなく、この文献にまつわる状況のほうに内在する問題である。まずこの点について述べよう。

附論「『正法眼蔵抄』の資料的価値について」で述べたように、古註『正法眼蔵抄』の「聞書」とされている部分の多くは詮慧による恣意的な解釈であり、道元自身による説明はこうした大量の偽情報の中に埋もれている。このため、『正法眼蔵』は道元の死去と同時に解読不能となった。この状況は基本的に現在まで続いている。ただしこのことは道元没後の僧団が方向性を失ったということを必ずしも意味してはいない。懐奘以後の僧団は道元の「実践」を継承していったのである。『随聞記』を一読すれば懐奘が道元の教えのうち実践の直接的な基礎となる部分を正しく把握していたことは明らかである。しかしまた同時に、懐奘がおそらく道元の「論理」全体を理解してはいなかったということも、道元の論じている公案などへの言及の少なさから見てとれるであろう。

右の事情が示しているのは、「人々は正しい実践を伝承しているが、彼らは自分たちの行っている実践が『正法眼蔵』に示された論理にどのように接続しているかを正確には知らない」という問題である。『正法眼蔵抄』以後の古註は基本的にこの問題を解決することを目指していたと考えられる。しかし、『正法眼蔵』自体のほとんどの部分がすでに読解不能になってしまっていたため、註釈者たちには各巻をそれぞれ一貫したメッセージをもった全体として捉えることはできなかった。そこで彼らは道元の言葉をばらばらに切り離し、それらの断片に対してそれぞれ個別に教理的説明を与えようとしたのである。

古註には『正法眼蔵抄』の他に面山の『正法眼蔵聞解』、本光の『正法眼蔵却退一字参』、蔵海の『正法眼蔵私記』、天桂の『正法眼蔵辨註』など様々なものがあるが、これらのうち最も影響力をもったのは江戸時代中期の『聞解』であろう。面山は博識の学僧であったらしく、個別の説明については正しい指摘をしているところもある。(1) しかし、これらの断片がどのような全体を構成しているかという視点はまったくない。古註の著者たちがこのような解釈の態度から外に出ることはなかった。

明治期に入って、多くの学問分野では近代的な方法によって研究が行われるようになった。隣接の分野ではたとえばインド仏教研究がいち早く文献学的方法を取り入れたのだが、『正法眼蔵』の註釈研究は相変わらず古註の影響下にあった。この点は重要である。というのは、一般に文献学的研究の不可欠の第一歩は伝統的な註釈の価値を疑うところにあるからである。

古註にもとづいた明治期の註釈の代表的なものは西有穆山の『正法眼蔵啓迪』であるが、この註釈に極めて特徴的なのは、教理的な説明に代わって随所で註釈者自身の「体験」を前面に出しているという点である。たとえば「万法すすみて自己を修証するはさとりなり」を説明する箇所に次のようなくだりがある。

「万法が進んで自己を修証する」とはどんな塩梅じゃ。自分に一点の造作もない時、万法は無礙に我れに朝宗する、我れが全く我れという時に我れはない。我れがなければ彼れもない。ゆえに万法が進んで自己を修証するのだ。さてこうした境界から見れば、「自己を運んで万法を修証する」というも、ちょっとも変りはない。自己が全く自己なる時は、万法は自己の所領である。ここまで来れば嫌でも

迷悟一等にならにゃならぬ。(2)

右の註釈は、自分自身の「体験」にもとづく註釈の典型的な問題点を露呈している。穆山の体験はあくまで穆山の体験であって、道元の体験と同じであるという保証はない。穆山の解説は個別の箇所ではすぐれたところもないわけではないのだが、多くの劣悪な模倣者を生み出し、結果的に『正法眼蔵』をめぐる言説群を誤った方向へ導いた。

穆山に続く岸沢惟安、酒井得元、内山興正といった人々は基本的に実践に軸足を置いた人々だったが、アカデミズムに属する研究者たちはその間に何をしていたのだろうか。示唆的なのは宇井伯壽と衛藤即応の対応である。宇井は曹洞宗寺院出身の仏教学者で、インド哲学・仏教学研究の分野で大きな業績を挙げた人物であるが、昭和十年から昭和一八年にかけて三巻からなる『禅宗史研究』という大著を出版している。ところが、ここで論じられているのは中国禅のみで、道元の名はわずかに一箇所で触れられているのみである。(3)衛藤は昭和三四年に『正法眼蔵序説』という著作を出版したが、その内容は『正法眼蔵』ではなく『弁道話』の解説である。(4)宇井も衛藤も、古註の権威に縛られた『正法眼蔵』研究の不可能性をはっきりと意識していたのであろう。(5)

文献学者の多くが『正法眼蔵』を扱いかねている間に、哲学者たちが道元の思想を論じ始めた。この原因と思われるのは鈴木大拙らによって引き起こされた一種の禅ブームと、それに続いて出版された和辻哲郎、田辺元ら、いわゆる京都学派の哲学者の著作である。和辻の『沙門道元』は大正九年から十二年にかけて発表されたが、(6)鏡島寛之の述懐によれば当時の曹洞宗系の研究者たちはこれに対してまったくコメントすることができなかったという。(7) 道元の思想に関する和辻の議論は仏性の問題などに関する哲学的な考察を含んでいたが、この時代の文献学者たちには『正法眼蔵』をどのように読めばよいかという方針すら確立していなかったので、和辻が好き勝手な発言を行ってもそれに異議を唱えることができなかったのである。こうしたわけでたとえば

かくのごとく悉有あるいは無の無がすなわち心であり、この絶対的な意識において山河大地がそのまま心でありまた山河大地であるという思想には、我々は一つの深い哲学的立場を見いだし得ると思う。(8)

などといった和辻の発言に対して「それはどういう意味なのか」と問う研究者すら現れず、さらには田辺が

有名な「佛道をならふといふは自己をならふなり、自己をならふといふは自己をわするるなり、自己をわするるといふは萬法に證せらるるなり」(現成公案)といふ語は、辨道話劈頭の「いまおしふる功夫辨道は證上に萬法をあらしめ、出路に一如を行ずるなり」といふ語と共に、相對の絶對否定卽肯定以外に絶對なきことをあらはす。(9)

などと述べても、「馬鹿は黙れ」と言う者はどこからも現れなかった。要するに、非専門家によるでたらめな発言を抑止するというアカデミズムの機能が、道元研究においては完全に失われていたのである。

和辻・田辺に対して批判が加えられなかったために、次第に多くの人々が『正法眼蔵』に関して自由な発言を行うようになった。代表的な著者としては寺田透、石井恭二、森本和夫などといった人物があるが、これらの著作は適切な方法に従ったものではないので、研究史において参照する必要はない。ある研究が研究史の中に位置づけられるためにはその当否を判断するための基準を前提として書かれることが必要なのだが、これらの著作はそのような基準を欠いているので、いわば並列的に陳列されることができるのみで研究史を構成することができないのである。[10]

「現成公案」巻は『正法眼蔵』の冒頭に置かれているために非専門家の関心を惹きやすいのであるが、それだけではなく深い謎を予感させる魅力的な文体で書かれている。このため、非専門家だけではなく仏教学の専門家がこの罠にはまる例が後を絶たない。この代表的な例は竹村牧男『『正法眼蔵』講義　現成公案・摩訶般若波羅蜜』である。[11] 竹村はインドと中国の仏教史に関して該博な知識をもっており、語釈に関しては一定の信頼を置くことができる。しかし、彼は各段落をばらばらに扱う従来の註釈の悪弊を引き継いでしまっており、しかも各段落を「無自性」「空」「分別」などといった教理的概念や「主客未分」「純粋経験」などといった西田哲学の概念で説明してしまう。竹村の解釈による「現成公案」は中観・唯識の不鮮明な劣化コピーをつぎはぎにしたものであり、天台の教義にはるかに見劣りしている。これならば道元が比叡山を下りる必要はなかっただろう。全体的なレベルを見た場合、竹村の註釈は非専門家のものと変わりがない。頼住光子『道元の思想』は竹村とはやや異なった解釈を与えているが、抱えている問題点は同じであり、やはり論ずるに値しない。[12] 高崎直道・梅原猛『古仏のまねび〈道元〉』所収の高崎による「現成公案」解説は竹村・頼住とは異なり中観・唯識による安易な教理的説明を避けているように見える。しかし、テクストをばらばらに切

り離して一貫性のない説明をしている点では同じであり、われわれの研究の出発点とすることはできない。(13)

右で述べたようなカオス的状況の中でも、地道で良心的な研究活動がなかったわけではない。それらは主として曹洞宗系の研究機関に属する研究者たちによって行われ、個々の語句の意味に関する大量の研究論文を生み出してきた。しかし、少なくとも「現成公案」巻について言えば、そもそもこの巻が全体として何を言おうとしているのかまったく見当もつかないという状況にあっては、これらの論文はひたすら堆積していくばかりで、われわれの「現成公案」に対する理解を前に進める力とはならなかった。細部に関する研究は何らかの全体像に接続しなければ意味をもつことができないのである。

「現成公案」研究の正しい出発点となるのは、筆者の考えるところでは平成七年に現れた朝日隆の論文「『正法眼蔵現成公案』の新しい読み方」である。(14) これを受けて平成九年に石井清純の「『正法眼蔵』「現成公案」の巻の主題について」が発表された。(15) 内容の解釈という点から見れば、これらの論文は従来の研究からそれほどかけ離れたものではない。しかし、「現成公案」巻にはひとつの一貫した主題があるはずだという見方がここでついに提示されたという意味で、これらは歴史的な価値をもつ。朝日によれば、「現成公案」巻の前半が「証」に重点を置いているのに対し、後半は「修」に力点を置いているという。そして彼は、後半にこそ「現成公案」巻の要があると考え、「後半部から遡って前半部について考える」という読み方を提唱した。(16) 石井はこの「修」を重視する朝日の立場を全面的に肯定する。(17) ただし石井は「現成公案」巻は「全体的知的理解を前提としない」行というものを初心者に説明したものであると考えており、本書の「序論」で指摘した通り、これが石井の解釈を誤った方向に導いている。

平成一二年に公刊された松本史朗『道元思想論』は、「現成公案」研究を前進させ得るいくつかの重要な指摘を含んでいる。[18] まず、松本は第一段落の「諸法の仏法なる時節」について、この文が『摩訶止観』の「知一切法皆是仏法」「信一切法皆是仏法」という表現を下敷きにしていることを指摘した。[19] もっとも、彼自身はこのことの意味を正しく認識してはいないようである。この点については次節で論ずる。松本はまた、「現成公案」全体にわたって「迷いの方向」と「悟りの方向」という概念的な対立関係がみられると指摘し、[20] このふたつの方向の特徴をそれぞれ「仏性内在論」と「仏性顕在論」という独自の用語で表現している。「仏性内在論」とは「仏性は人間の肉体の中に存在する」という考え方であり、これに対して「仏性顕在論」とは「現象的な個々の事物に仏性が全面的に顕れている」、すなわち仏性は自分の中ではなく自分を取り巻く世界のほうにあるという考え方である。[21] 松本によれば道元の意図は「仏性顕在論」によって「仏性内在論」を否定し、また「仏性顕在論」によって「修行」を説くところにあるのだという。松本はこの考え方にもとづいて、テクストの前半部分についてかなり一貫した解釈を提示した。もっとも、こうした哲学的な議論が本当に「現成公案」の根底にあったのかどうかという点は問題である。すなわち松本は道元が「修行を語る哲学者」だったという前提から出発しているように見えるが、そのように考える根拠はあまりはっきりしていない。むしろ道元は「哲学的に修行を語る修行者」だったと考えることもできる。本書はこの後者の立場をとる。

## 本書の位置

本書は朝日隆に始まる「現成公案」研究を継承し、これをさらに発展させることを意図するものである。

直接的には、本書は右に述べた松本史朗の業績を重視しつつ、これとは大きく異なった全体像を提示した。そこで本節では、特に松本の解釈に対する本書の位置関係を明らかにすることによって本書の解釈を研究史の中に位置づけ、新しい「現成公案」像の輪郭を示す。

まず、前節で述べた「諸法の仏法なる時節」の問題から入ろう。この句が『摩訶止観』を下敷きにしているという松本の指摘は非常に重要であり、道元が「現成公案」を書くにあたって天台系の実践を強く意識していたということがこれによって明白となった。ただし、「現成公案」巻の中でこの句がどのような位置にあるかという点に関しては、松本の解釈と本書の解釈はまったく逆になっている。松本による冒頭の部分の解釈を簡単な表形式にすると次のようになる。（段落番号は本書で使用したものを用いている。松本は第二段落については論じていないので、この表には第二段落が欠けている。）

| 悟りの方向（仏性顕在論） | 迷いの方向（仏性内在論） |
|---|---|
| 諸法の仏法なる時節（一）[22] | |
| 万法すすみて自己を修証するは（五） | 自己をはこびて万法を修証するを（五） |

「諸法の仏法なる時節」は『摩訶止観』に述べられた天台の実践なのであるから、これを松本の言うように「悟りの方向」の側に置くとすれば、道元が「現成公案」巻で述べているとされる「仏性顕在論＝悟りの方向」は、少なくとも正統的な天台の実践法に矛盾しないものだということになる。これに対して、本書では該当の句

を「迷いの方向」にあるものと捉える。するとこの部分の構造は次のようになる。

**迷いの方向（天台止観）**　　　　**悟りの方向（道元禅）**

諸法の仏法なる時節（一）　　　　万法ともにわれにあらざる時節（二）
自己をはこびて万法を修証するを（五）　　　　万法すすみて自己を修証するは（五）

このように捉えた場合、道元は松本の解釈とは逆に、「反＝天台」を説いていることになる。[23] 構造的な観点からは、松本の解釈に比べてテクストの形式的な整合性が高まっているのが見て取れるであろう。

本書では、この「天台」と「道元禅（反＝天台）」という対立を「さとりをめざす修行」と「身心脱落」（さとりをめざさない修行）との実践論的な対立と捉えている。松本の「仏性内在論／仏性顕在論」という理念的な対立関係は本書の「さとりをめざす修行／身心脱落」という実践的な対立関係に大体において対応している。すると次のような図式になる。

| | **迷いの方向** | **悟りの方向** |
|---|---|---|
| **松本** | 仏性内在論 | 仏性顕在論 |
| **本書** | さとりをめざす修行 | 身心脱落（さとりをめざさない修行） |

すなわち、松本が基本的に哲学的な観点から「現成公案」を読んでいるのに対し、本書ではテクストを実践的な観点から見ている。松本の考えるところでは道元は「仏性顕在論」「仏性内在論」についての思弁を展開しているのであるが、筆者の考えるところでは道元は自分自身の実践としての「さとりをめざさない修行」について語っているのである。

松本の議論の欠点であると筆者が考えるものはふたつあり、そのひとつは彼が「道元は「仏性」というものを何らかの実在として捉えていた」と考えているように見えるという点であるが、もうひとつは「現成公案」巻の後半部分についての彼の解釈がほぼ全面的に意味不明であるという点である。この後者の問題は、松本が「仏性内在論／仏性顕在論」という概念を後半部分に強引に適用しようとしていることによって生じたものであろう。前半部分では「仏性内在論／仏性顕在論」の概念はいわば「さとりをめざす修行／身心脱落」を哲学の観点から見たときの射影としてそれなりに整合的な像を描き出すことができたのだが、後半部で道元が修行の物語を語りはじめるにあたって、この射影は有効性を失っている。

「現成公案」後半で鳥と魚の比喩によって語られる修行者の行程は、いわば「殺仏の物語」であると言うことができる。修行者は「さとりをめざす修行」を積み重ねて、その限界まで進む。この臨界点で「さとりをめざして狂奔している自分」の顔が見えた時、「自己」が消え、「さとり」が消え、「仏」が消える。そして修行者は修行の中に静かに姿を消していく。朝日隆が指摘したように、「現成公案」の要はこの後半部にある。つまり、この殺仏の物語こそが道元が伝えようとしたメッセージの核心なのであり、前半部ではこの物語の背景をなす諸概念の対立関係が説明されているにすぎない。松本は前半部分の哲学的な装いをまとった議論に眼を奪われて、テクストの核心をなす後半部を捉えそこなっている。朝日の「後半部から遡って前半部について考える」という読み方は、確かに正しかったようである。もっとも、朝日は前半と後半の主題をそれぞれ「証」と「修」としたが、この点については修正が必要であろう。すなわち、「現成公案」の主題は最初から最後まで「修」である。

以上の通り、本書は「現成公案」巻全体に対して一貫した解釈を与えることを試みた。

## 『正法眼蔵』の中の「現成公案」

「現成公案」巻は『正法眼蔵』の首巻であり、以下の諸巻へ導入する序論としての側面をもっている。したがって、本書で提示した新しい「現成公案」の全体像は、『正法眼蔵』の他の部分の解釈に影響を及ぼすはずである。ここでは一例を挙げよう。

第十段落にある「薪は薪の法位に住して、さきありのちあり」という句にはさまざまな解釈があるが、本書ではこれを「人間が仏に変身するわけではない」ということの比喩的表現として解釈した。注目すべきなのは松本史朗が「住法位」という概念を「有時」巻の時間論に関係づけているという点である。[24] 道元は「有時」巻において、時間が「過ぎ去る」ということを否定し、過去も未来もない「現在」のみがいわば並列的に存在しているという時間論を提示している。これはわれわれの常識の観点からはかなり特殊な見方であるが、[25] 道元がなぜ時間についてこのように考えたのかはよくわかっていない。しかし、もし「有時」の時間論を「現成公案」の該当部分に関連づけることが許されるならば、「有時」は「現成公案」第十段落と同じ問題意識に基づいた拡張版なのではないかと考えることができる。

もし「人間はそもそも仏である」と考えるならそれは本覚であり、またもし「人間が仏になる」と考えるならそれは始覚である。始覚であれば、さとりを目指さざるをえない。「現成公案」巻では主として始覚的な立場のほうが否定の対象となっているが、道元はもちろん単純な本覚説が正しいと考えているわけでもない。しかしいずれにせよ、「人間が仏に変身する」のではなく、「人間はもともと仏である」のでもないとしたら、仏とは一体何のことなのかという疑問が生ずるだろう。道元が「現成公案」巻において展開したのは実践論なのであるが、結局この点のみは実践論の中では解決されない哲学的問題として残ってしまった。時間性を否定するという方向は、この問題を解決するために構想されたものであると考えられる。つまり道元は「住法位」という概念によって本覚と始覚の両方を否定しようとしたのであり、その初期の形態が「現成公案」巻の第十段落に見られ、発達した形態が「有時」巻に見られるのである。

ちなみに「現成公案」におけるこの議論は前半部と後半部の境目に位置しているが、この点はかなり示唆的である。つまりそれは後半の冒頭にあって「さとりをめざす修行」から「身心脱落」への「移行」を語る出発点となっているが、「殺仏の物語」には属していない。またこの段落を前半のどこかに置こうとしても、適切な場所がない。これはこの議論が「現成公案」の実践論からいくらか浮いた哲学的な議論だからである。

## 本書は道元の意図に反しているか

最後に、いわばメタレベルの問題について一言付け加えておきたい。「本書で行った解釈が正しいかどうか」という点は言うまでもなくひとつの問題なのだが、『正法眼蔵』というテクストの性格上、本書の解釈が正しかった場合には「道元の真意をこのような形で説明し尽してしまってよいのか」という問題が生ずる。つまり、本書を読んだ後では「現成公案」に記述されたタイプの実践は不可能になってしまうということである。

確かに、「さとりを目指して限界まで進み、そこから「さとりを目指さない実践」へと転回する」という道は、もしその道筋が最初から知られているのなら無意味となってしまう。しかし他方で、道元自身がこの道筋を「現成公案」巻において明示的に言葉で表現し、さらにそれを『正法眼蔵』巻頭に置いているということも確かである。すると、道元自身はおそらくこうしたことがらを、「言葉で理解しても一向に構わないこと」と考えていたであろうということが推測できる。つまり、「言葉で理解しても意味のないもの」は、これとは別にある。

道元は『弁道話』では「現成公案」巻とは異なった修行の道筋を示している。すなわち、「初心の辦道すなはち本証の全体なり」（初心者の修行がそのまま本来のさとりの全体である）という「証上の修」である。道元は『弁道話』の方では、最初の一歩から「さとりをめざさない実践」に入る道を説いているのである。この「証上の修」とは、実際のところ「さとりを目指してはいけない」という命令と「さとりを目指し続けよ」という命令を自分自身の身体において同時に実行せよというパラドックスである。[26] これはそもそも「理解」されることができず、「実践」されることができるのみのものであり、また説明することによって失われてしまうこともない。道元の意図はさとりを求めて努力を重ねている弟子たちを最終的にこの「証上の修」の方へ導くところにあり、「現成公案」で語られた「殺仏の物語」は、いわばそのためのひとつの方便であったと、筆者は考えている。

「見性」を目的とする公案禅ではテクストを「説明」してしまうことは禁忌とされる。変性意識状態に導くためには、謎が謎であり続けることが必要なのである。解けてしまうような公案は役に立たない。これに対して道元のテクストは——その中に引用されている公案を含めて——理解されることを前提として書かれているのであり、「理解を超えたもの」はテクストの外にある。したがって、道元が言葉で表現したことを言葉で説明することに問題はないであろう。

## 註（解題）

（1）「本文・現代語訳・註解」の注5を参照。

（2）『正法眼蔵啓迪』上巻（大法輪閣　昭和四〇年）三〇〇頁。

（3）『第三禅宗史研究』（岩波書店　昭和一八年）四六三頁。

（4）『正法眼蔵序説』（岩波書店　昭和三四年）。

（5）鏡島元隆によれば、衛藤は学生たちに対して『正法眼蔵』の註釈類を読まないように勧めていたという。
（鏡島「衛藤宗学について」『駒澤大学仏教学部論集』八、昭和五二年　十頁）

（6）筆者が参照したのは『和辻哲郎全集』第四巻（岩波書店　昭和三七年）に収録されたものである。

（7）「當時、この和辻博士の前に、事實、道元を使はれた宗門からも、その學者たちからも、何等一言半句の聲明も反駁もなかつた。或はなし得なかつたのが事實かもしれない。しかし、いづれにしても、宗門はこの和辻博士の研究に對し、是も非もなく、ほとんど不感症の状態であつた。」（鏡島寛之「道元禪師研究の動向・回顧」『道元禪師研究』道元禪師讃仰会　昭和十六年　三四七頁）

(8)『和辻哲郎全集』第四巻（岩波書店　昭和三七年）二三三頁。
(9)『正法眼蔵の哲學私觀』（岩波書店　昭和十四年）十七頁。
(10)ちなみに松岡由香子『正法眼蔵第一　現成公按　私釈』（東京図書出版　平成二九年）は、これらの著作の多くのものを並列的に比較した労作である。これを見ると、従来の研究には発展も進歩も存在していなかったことがわかる。ただし松岡自身の解釈には同意できないところが多い。
(11)大法輪閣　平成十七年。
(12)ＮＨＫ出版　平成二三年。
(13)『古仏のまねび〈道元〉』（角川書店　平成八年）第三章。
(14)『宗学研究』三七。
(15)『駒沢大学仏教学部論集』二八。
(16)朝日七三―七四頁。
(17)石井二三〇頁。
(18)大蔵出版　平成一二年。
(19)本書「本文・現代語訳・註解」の該当箇所および註1を参照。
(20)松本一三三―一三四頁、一九二頁。
(21)松本一九一―一九二頁。
(22)松本一九二頁で明示的に「仏性顕在論」とされている。
(23)もっとも、ここで「天台」「反＝天台」と呼ばれるものは道元の目から見た（と筆者が推測している）「天台」「反＝天台」なのであって、実際にはわれわれが「反＝天台」と呼ぶものが天台のひとつのバリエーションとして存在している可能性もある。「本文・現代語訳・註解」の註3を参照。

(24) 松本二〇八頁以下。松本はさらに「現成公案」の該当の一節を「仏性顕在論」に関係づけ、「現実の絶対的肯定」などといったことについて論じているが、こうした点については同意できない。

(25) ただし、この考え方がわれわれの時間認識の何らかのレベルを表現するモデルになっている可能性もあるように思われる。

(26) 詳細については拙著「証上の修」『印度学宗教学会論集』四四（平成二九）を参照。

## あとがき

本書は東北福祉大学で平成二九年に行われた斉藤仙邦・木村尚徳両先生との研究会のために筆者が準備した草稿にもとづいて、附論・解題と若干の訂正を加えたものです。この際に、特に全体的な方向性について東北福祉大学の大谷哲夫学長からご指導を得ました。さらに出版にあたっては東北大学出版会の小林直之氏に大変お世話になりました。本書の「解題」は東北大学出版会の匿名の査読者からの「研究史を記述せよ」という示唆によって追加したものです。研究史には触れずにすませたいと思っていたのですが、やはり旗幟を鮮明にすることは必要だったようです。右の皆様に心から御礼を申し上げます。

本書は曹洞宗地蔵寺の神野哲州老師の長年のご薫陶とご支援の賜物でもあります。また妻アニクと娘たちには内助の功を感謝したいと思います。

私は「文字をかぞふる学者」にすぎませんが、『正法眼蔵』研究の現在の状況からみて、まずテクストに述べられていることを言葉として正確に理解することが、研究者のみならず実践家にも必要なことであると考えています。本書がそのために少しでも役立つことを希望しています。

著者略歴

早川《はやかわ》　祥賢《しょうけん》（敦《あつし》）

東北福祉大学特任准教授。曹洞宗地蔵寺徒弟。東北大学文学部卒（印度学仏教史）。

Ph.D (Radboud Universiteit Nijmegen)

道元《どうげん》『正法眼蔵《しょうぼうげんぞう》』

現成公案《げんじょうこうあん》　略解《りゃくげ》

A Commentary to Dōgen's Genjōkōan



2019年1月17日　初版第1刷発行

著　者　早川　祥賢

発行者　久道　茂

発行所　東北大学出版会

〒980-8577　仙台市青葉区片平2-1-1

TEL：022-214-2777　FAX：022-214-2778

印　刷　株式会社　仙台共同印刷

〒980-0039　仙台市宮城野区日の出町2-4-2

TEL：022-296-7161　FAX：022-236-7163

ISBN978-4-86163-319-5　C3015

定価はカバーに表示してあります。

乱丁、落丁はおとりかえします。